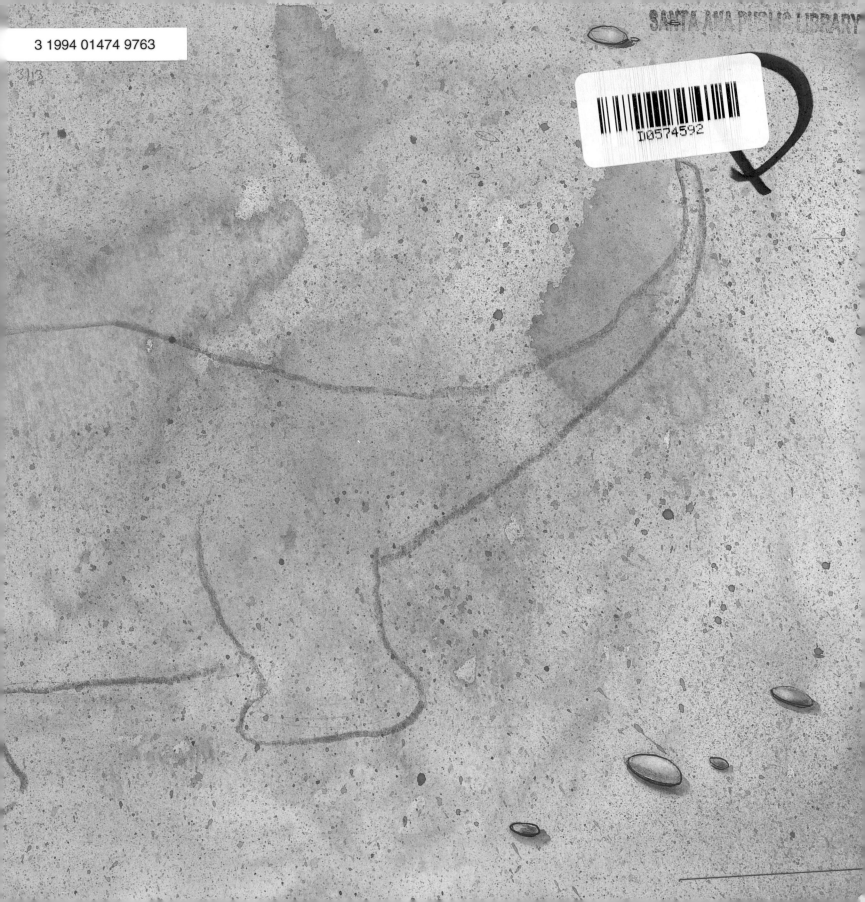

Texto: Anna Obiols
Ilustraciones: Subi

Braquiosaurio

El dinosaurio más grande

edebé

2-3

Tengo un amigo.

Es muy, muy grande. ¡Puede llegar

a pesar más de 45.000 kilos!

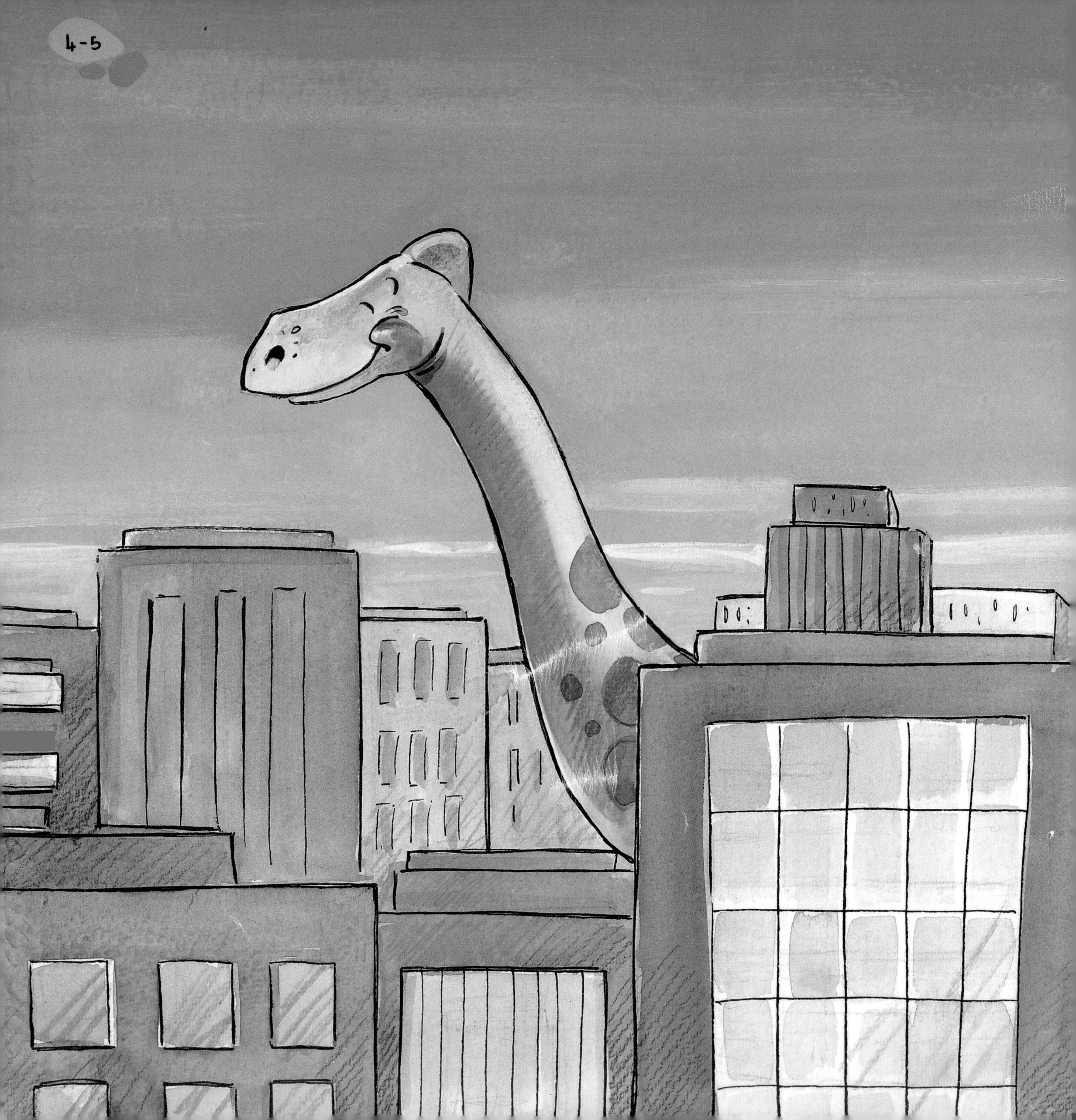
4-5

Es desmesuradamente alto.

Mucho más que un rascacielos.

Tiene una cola larguísima

pero no es un tobogán.

Come mucho. Kilos y kilos de hierba.

Prados enteros. Come más que veinte vacas juntas.

Si tienes que hacerle un vestido, necesitarás muchos metros de tela y kilómetros de hilo.

Y mi abuela tarda todo un invierno
para tejerle una buena bufanda.

Está más cerca de las estrellas y de la luna
que nosotros. Y tiene la gran suerte de tener
la cabeza por encima de las nubes.

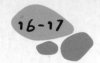

Si tienes que bañarlo, no intentes meterlo en la bañera de tu casa. No cabe. Tendrás que construirle una bañera especial para él solo.

Si le pica la cabeza y no tienes una escalera tan alta como la de los bomberos, te será difícil ayudarlo.

Cuando se estropea el autobús del colegio
es fantástico porque nos lleva mi amigo.

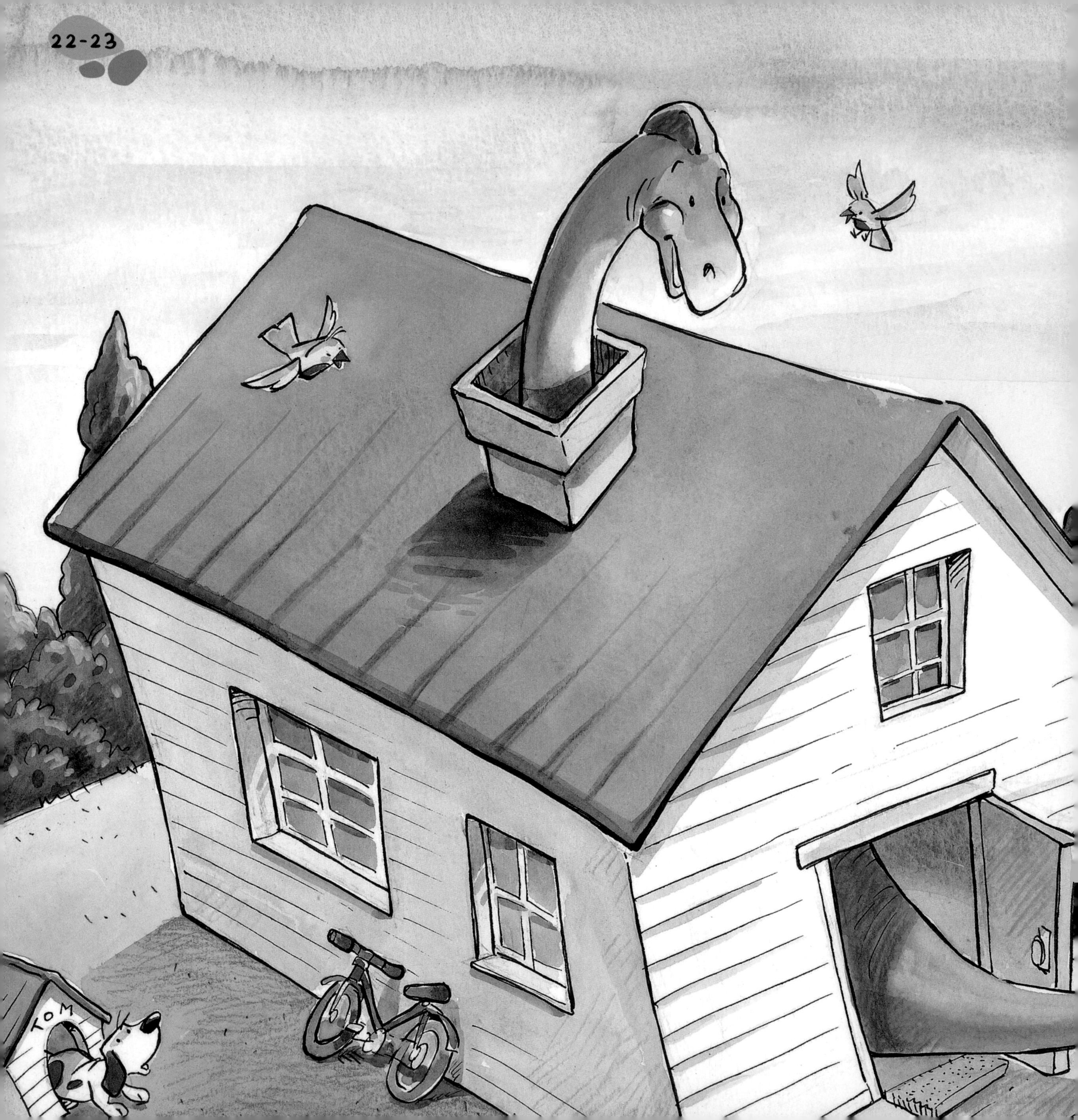
TOM

En mi casa no cabe entero.

Tampoco en las de mis amigos.

Encontrar una silla de su medida

también es muy difícil.

¿**S**abéis quién es mi amigo?

El BRAQUIOSAURIO que
duerme conmigo todas las noches.
¡Buenas noches!

Las cavidades nasales las tenía en la parte superior de la cabeza.

Tenía la cabeza pequeña y convexa.

El Braquiosaurio

Sus patas delanteras eran más largas que las traseras. (Era el único dinosaurio con esta característica.)

Tenía un cuello muy largo.
El Braquiosaurio se parecía bastante
a la jirafa que conocemos.

Podía alcanzar los 16 metros
de altura y los 25 de longitud.
Podía llegar a pesar
80 toneladas.

Su espalda se
inclinaba como
la de las jirafas.

Tenía la cola
larga y grande.

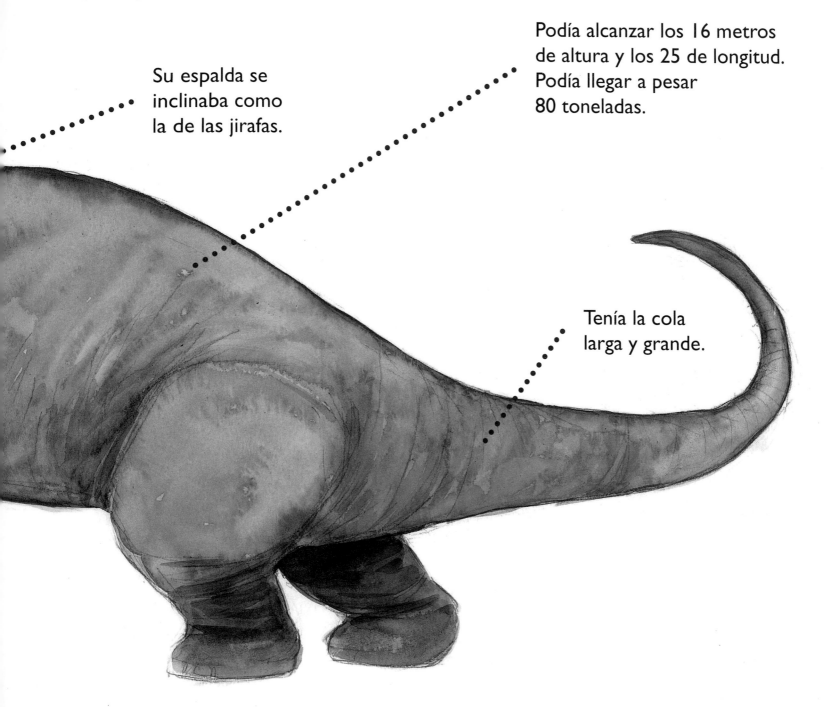

DESCRIPCIÓN CIENTÍFICA DEL BRAQUIOSAURIO

Su nombre significa «reptil con brazos de rama».
El Braquiosaurio vivió durante el Jurásico, es decir, entre hace
213 y 144 millones de años. Durante aquel período había dos grandes
continentes: uno al norte y otro al sur, separados por un inmenso
mar. Hacía mucho calor, la humedad era muy alta y existían
inmensos bosques de coníferas.

CARACTERÍSTICAS

El Braquiosaurio es uno de los animales más
grandes que ha pisado la Tierra. Podía llegar a
medir unos 16 metros de altura y 25 de largo
y llegaba a pesar hasta 80 toneladas.
Cada vértebra del Braquiosaurio medía un
metro de largo, imaginad lo inmenso que podía
llegar a ser este dinosaurio.
Su corazón era muy grande y pesaba mucho,
el cerebro era relativamente pequeño,
los dientes tenían forma de espátula y su
larguísima cola la utilizaba para defenderse.
El Braquiosaurio también se reconoce
fácilmente porque tenía las fosas nasales en la
parte superior de la cabeza. Algunos científicos
sostienen que podía respirar sin dejar de comer.

Durante mucho tiempo se creyó que
el Braquiosaurio pasaba gran parte del tiempo
en el agua gracias a estas fosas nasales de la
cabeza, pero los estudios actuales señalan que
el Braquiosaurio fue un animal terrestre.
Como era herbívoro se pasaba la mayor parte
del tiempo comiendo. Se cree que podía comer
unos 200 kilos de plantas cada día.
Se sabe que los Braquiosaurios vivían en rebaños
y realizaban migraciones de una zona a otra para
buscar alimentos. Desde los prados cubiertos
de helechos a los bosques de coníferas.
Los científicos han calculado que podía vivir
unos 100 años y se sabe que habitó en la actual
zona de Norteamérica y África.

CURIOSIDADES:

- Un asteroide fue bautizado con el nombre de «9954 Brachiosaurus».
- Una réplica del esqueleto de un Braquiosaurio se expone desde el año 2000, en la sala B de la terminal 1 de la United Airlines en el aeropuerto internacional O'Hare de Chicago, en los Estados Unidos. Otra réplica idéntica, pero ésta de bronce, se encuentra en el interior del museo Field de historia natural, en Chicago.
- Los primeros Braquiosaurios fueron descubiertos en el año 1900 por Elmer S. Riggs en el oeste de Colorado, USA.

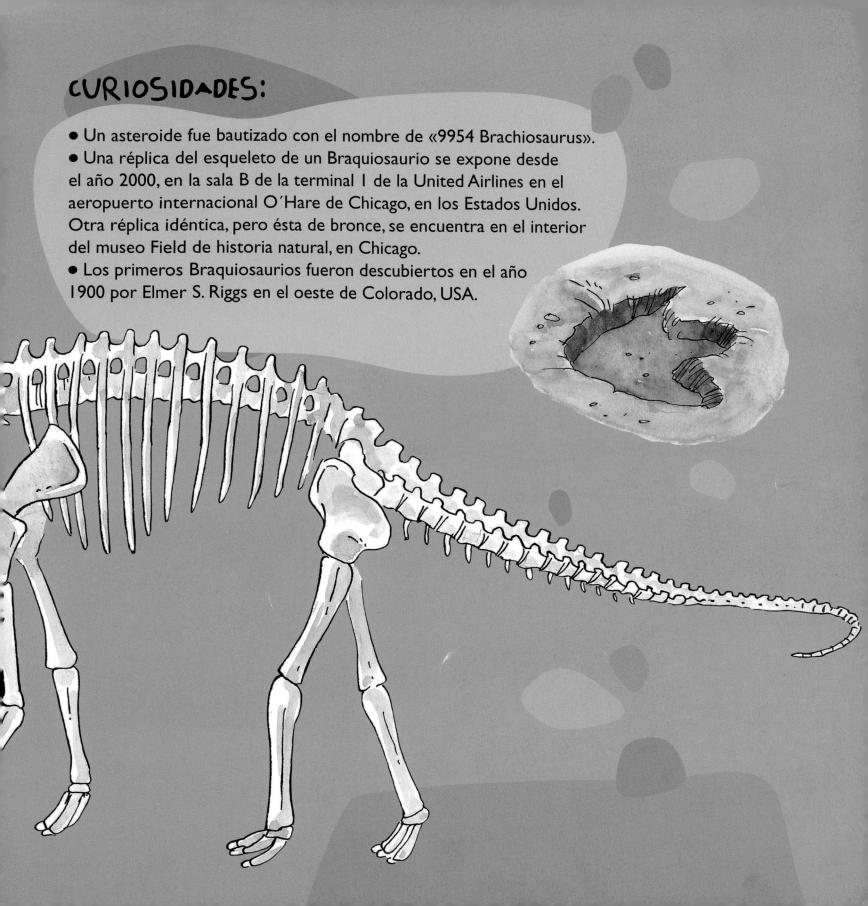

Información general sobre los dinosaurios

Dinosaurio significa «terrible, poderoso lagarto o reptil imponente».

Los dinosaurios eran un grupo de animales muy variado que vivió en la Tierra hace ya millones de años. La época en que vivieron se divide en tres grandes períodos: el Triásico, el Jurásico y el Cretácico. Todo lo que se conoce sobre estos animales es gracias a los fósiles, es decir, los restos de animales y plantas que vivieron hace muchos años y que se han convertido en piedra. Gracias a restos fósiles como huesos, huellas, pieles, huevos… podemos saber qué comían, cómo se movían, cómo nacían…

Los paleontólogos son los científicos que estudian a los dinosaurios. Cuando se encuentran restos de dinosaurio, lo primero que se hace es desenterrarlos con mucho cuidado. Luego se transporta todo el material, procurando que no sufra daño alguno, hasta el laboratorio. A menudo todos los fósiles se envuelven con yeso como hacen los médicos cuando enyesan

piernas rotas. Más tarde se limpian todos los restos que se han encontrado y finalmente se monta el esqueleto como si fuesen piezas de un rompecabezas. Algunos de estos esqueletos se pueden ver en museos que hay diseminados por el mundo. Gracias a los investigadores y a los científicos, hoy sabemos que los dinosaurios nacían de huevos, como los actuales pájaros o reptiles. Su piel debía de ser rugosa y muy gruesa, parecida a la de los cocodrilos. Lo que no podemos saber es de qué color era la piel. También sabemos que algunos eran herbívoros, es decir, que se alimentaban de plantas, y otros eran carnívoros porque comían carne.

Algunos andaban sobre dos patas, los bípedos, otros lo hacían sobre cuatro, los cuadrúpedos, y algunos podían hacerlo, indistintamente, sobre dos o cuatro. Aunque los conocemos por sus enormes dimensiones, algunos dinosaurios medían como un hombre o eran aún más pequeños.

Braquiosaurio

Autora: **Anna Obiols**
Ilustraciones: **SUBI -Joan Subirana-**
Diseño y maquetación: **Gemser Publications, S.L.**

© **Gemser Publications, S.L. 2012**

© de la edición: **EDEBÉ 2012**
Paseo de San Juan Bosco, 62   08017 Barcelona
www.edebe.com

ISBN: 978-84-683-0351-2
Impreso en China
Primera edición, enero 2012